Animales asombrosos

Insectos

Conteo salteado

Logan Avery

Las hormigas trabajan.

10

Los saltamontes saltan.

30

Las moscas se posan.

40

Las abejas zumban.

50

Las palomillas se agitan.

60

Los escarabajos trepan.

90

Las luciérnagas brillan.

100

Resolución de problemas

Unas catarinas se posan en unos troncos. Cuenta los troncos. Luego, cuenta las catarinas de diez en diez. Escribe números para completar las oraciones.

1. Hay _____ troncos.

2. Hay _____ catarinas.

Soluciones

1. 7
2. 70

Asesoras

Nicole Belasco, M.Ed.
Maestra de jardín de niños, Distrito Escolar Colonial

Colleen Pollitt, M.A.Ed.
Maestra de apoyo de matemáticas, Escuelas Públicas del Condado de Howard

Créditos de publicación

Rachelle Cracchiolo, M.S.Ed., *Editora comercial*
Conni Medina, M.A.Ed., *Redactora jefa*
Dona Herweck Rice, *Realizadora de la serie*
Emily R. Smith, M.A.Ed., *Realizadora de la serie*
Diana Kenney, M.A.Ed., NBCT, *Directora de contenido*
June Kikuchi, *Directora de contenido*
Véronique Bos, *Directora creativa*
Robin Erickson, *Directora de arte*
Caroline Gasca, M.S.Ed., *Editora superior*
Stacy Monsman, M.A., *Editora*
Karen Malaska, M.Ed, Editora
Michelle Jovin, M.A., *Editora asociada*
Sam Morales, M.A., *Editor asociado*
Fabiola Sepúlveda, *Diseñadora gráfica*
Jill Malcolm, *Diseñadora gráfica básica*

Créditos de imágenes: Todas las imágenes provienen de iStock y/o Shutterstock.

Library of Congress Cataloging-in-Publication Data

Names: Avery, Logan, author.
Title: Insectos : conteo salteado / Logan Avery.
Other titles: Bugs. Spanish
Description: Huntington Beach : Teacher Created Materials, Inc., [2020] | Series: Animales asombrosos | Series: Mathematics readers | Audience: K to Grade 3. |
Identifiers: LCCN 2018052838 (print) | LCCN 2018055299 (ebook) | ISBN 9781425822828 (eBook) | ISBN 9781425828202 (paperback)
Subjects: LCSH: Insects--Juvenile literature. | Counting--Juvenile literature.
Classification: LCC QL467.2 (ebook) | LCC QL467.2 .A88518 2020 (print) | DDC 595.7--dc23
LC record available at https://lccn.loc.gov/2018052838

Teacher Created Materials
5301 Oceanus Drive
Huntington Beach, CA 92649-1030
www.tcmpub.com

ISBN 978-1-4258-2820-2

Printed in China
Nordica.082019.CA21901320

Asesoras

Nicole Belasco, M.Ed.
Maestra de jardín de niños, Distrito Escolar Colonial

Colleen Pollitt, M.A.Ed.
Maestra de apoyo de matemáticas, Escuelas Públicas del Condado de Howard

Créditos de publicación

Rachelle Cracchiolo, M.S.Ed., *Editora comercial*
Conni Medina, M.A.Ed., *Redactora jefa*
Dona Herweck Rice, *Realizadora de la serie*
Emily R. Smith, M.A.Ed., *Realizadora de la serie*
Diana Kenney, M.A.Ed., NBCT, *Directora de contenido*
June Kikuchi, *Directora de contenido*
Véronique Bos, *Directora creativa*
Robin Erickson, *Directora de arte*
Caroline Gasca, M.S.Ed., *Editora superior*
Stacy Monsman, M.A., *Editora*
Karen Malaska, M.Ed, *Editora*
Michelle Jovin, M.A., *Editora asociada*
Sam Morales, M.A., *Editor asociado*
Fabiola Sepúlveda, *Diseñadora gráfica*
Jill Malcolm, *Diseñadora gráfica básica*

Créditos de imágenes: págs.18–19 Urii Osadch/Shutterstock; todas las demás imágenes provienen de iStock y/o Shutterstock.

Library of Congress Cataloging-in-Publication Data

Names: Claire, Linda, author.
Title: Deportes espectaculares. El hockey / Linda Claire.
Other titles: Spectacular sports. Hockey. Spanish | Hockey
Description: Huntington Beach, California : Teacher Created Materials, Inc., 2020. | Series: Deportes espectaculares | Audience: K to Grade 3. | Identifiers: LCCN 2018052837 (print) | LCCN 2018055061 (ebook) | ISBN 9781425822811 (eBook) | ISBN 9781425828196 (pbk.)
Subjects: LCSH: Hockey--Juvenile literature. | Counting--Juvenile literature.
Classification: LCC GV847.25 (ebook) | LCC GV847.25 .C4718 2020 (print) | DDC 796.962--dc23
LC record available at https://lccn.loc.gov/2018052837

Teacher Created Materials
5301 Oceanus Drive
Huntington Beach, CA 92649-1030
www.tcmpub.com

ISBN 978-1-4258-2819-6